Eleftherios M. Colocassides

Liderança organizacional

Eleftherios M. Colocassides

Liderança organizacional

Fundamentos de Coaching, Desenvolvimento e Consulta

ScienciaScripts

Imprint
Any brand names and product names mentioned in this book are subject to trademark, brand or patent protection and are trademarks or registered trademarks of their respective holders. The use of brand names, product names, common names, trade names, product descriptions etc. even without a particular marking in this work is in no way to be construed to mean that such names may be regarded as unrestricted in respect of trademark and brand protection legislation and could thus be used by anyone.

Cover image: www.ingimage.com

This book is a translation from the original published under ISBN 978-620-7-64976-1.

Publisher:
Sciencia Scripts
is a trademark of
Dodo Books Indian Ocean Ltd. and OmniScriptum S.R.L publishing group

120 High Road, East Finchley, London, N2 9ED, United Kingdom
Str. Armeneasca 28/1, office 1, Chisinau MD-2012, Republic of Moldova, Europe
Printed at: see last page
ISBN: 978-620-7-73990-5

SOBRE O AUTOR

O Dr. Eleftherios M. Colocassides é Professor Sénior, Supervisor, Prestador de Serviços de Carreira Certificado e Consultor Educacional. É especialista nos domínios de: Administração de Empresas, Recursos Humanos, Liderança, Comunicação, Educação, Turismo e Gestão Hoteleira.

A experiência profissional atual e anterior inclui: Serviços de Comunicação Social, Administração de Escritório e Coordenador de Equipa, Consultor de Educação e Carreira, Supervisor/Professor Sénior no sector do Ensino Superior.

Este livro é dedicado à minha adorável mãe

RESUMO

O mundo empresarial está a mudar radicalmente e os termos "estratégia" e "implementação" tornaram-se ainda mais complicados, mas necessários. As organizações, independentemente da sua área de concentração, estão a operar num ambiente muito complexo e competitivo. A importância de uma liderança eficaz deve ser utilizada com muito sucesso, ser desenvolvida e implementada de forma responsável nas organizações. No mundo dos negócios, dois dos principais conceitos para criar um ambiente competitivo são os gestores como líderes eficazes e os líderes como gestores eficazes. Estes conceitos exploram estrategicamente as ligações implícitas e explícitas entre liderança e gestão. Também exploram diferentes estilos de liderança e sublinham princípios, conceitos e modelos. É por isso que a liderança no local de trabalho deve ser objeto de uma atenção muito séria por parte de qualquer gestor.

Os gestores, enquanto líderes eficazes, devem encontrar formas de aumentar a eficácia dos trabalhadores e das equipas, para criar uma cultura organizacional. A criação de uma cultura organizacional deve atingir os objectivos da gestão e alcançar um valor humano para os trabalhadores.

Os líderes que operam em instituições de ensino superior, como universidades e colégios, implementam e seguem as orientações estratégicas da sua administração educativa e orientam a tomada de decisões, as leis e os regulamentos da sua administração, de modo a atingir objectivos organizacionais importantes. O Coaching de Liderança cria uma "mudança organizacional", que é muito importante para apoiar a comunicação interna global no local de trabalho, "descodificando" corretamente todas as mensagens transmitidas. Este livro apresenta os principais papéis da liderança como uma ferramenta importante para alcançar as decisões estratégicas e de gestão globais de uma organização na República de Chipre.

Para além disso, os serviços de carreira não variam em função da localização geográfica, mas devem ser praticamente redesenhados para que possam ser implementados com êxito no país que vai ser utilizado. O papel de cada Conselheiro de Desenvolvimento de Carreira consiste em atuar de acordo com as necessidades globais de cada antigo e novo empregado e aconselhar de acordo com as "diferenças culturais" e os "comportamentos éticos", a fim de cumprir a missão de uma organização.

A tarefa deste livro é analisar e avaliar conceitos essenciais e codificar a eficiência e a produtividade globais da organização. O livro também apresenta e avalia de forma crítica os modelos de coaching de liderança e de desenvolvimento de carreira, em relação às diferenças culturais e estilos em situações da vida real. Além disso, o livro apresenta teorias importantes relacionadas com o desenvolvimento e aconselhamento de carreiras e explica como a implementação de serviços de carreira pode afetar os ambientes de trabalho actuais e futuros, no mercado de trabalho da República de Chipre.

As orientações estratégicas sustentáveis das organizações não podem ser bem sucedidas sem o coaching de liderança e a implementação de serviços de carreira. Para os profissionais, a Facilitação do Desenvolvimento e Consulta de Carreiras pode apoiar o desenvolvimento ao longo da vida, melhorar o comportamento humano e a personalidade, bem como melhorar o desempenho.

AGRADECIMENTOS

Um agradecimento especial a todos os meus parceiros e colegas a nível mundial pelo seu apoio ao longo dos últimos anos, bem como pela sua orientação e encorajamento para atingir os objectivos individuais de desenvolvimento profissional.

ÍNDICE

CAPÍTULO UM:
INTRODUÇÃO À LIDERANÇA

1.0 Introdução

Uma liderança eficaz através de uma estratégia organizacional procura resolver problemas de moral, baixa produtividade, má qualidade, conflitos interpessoais, conflitos intergrupais, objectivos pouco claros ou inadequados, estilos de liderança inadequados, fraco desempenho da equipa, estrutura organizacional inadequada, tarefas mal concebidas, fraca resposta às exigências ambientais e más relações com os clientes. Os líderes e os gestores também podem beneficiar de quaisquer novos resultados de estudos resultantes da análise da relação entre liderança e gestão (Cekada, 2012). Um líder eficaz deve saber: *O que é que* eu quero alcançar para criar a mudança? *Porque é que* esta mudança é importante e deve ser bem sucedida? *Como é que* essa necessidade de mudança pode ajudar a eficácia e a produtividade de uma organização?

Qualquer "mudança organizacional" tem de ser realista, exequível e mensurável e tem de ser claramente compreendida por um líder, para que as pessoas a possam gerir eficazmente. Uma mudança organizacional pode ser mais bem sucedida quando os líderes codificam claramente as mensagens da sua gestão. Uma mudança bem gerida por um líder exige um bom planeamento e uma implementação sensível, consulta e envolvimento das pessoas afectadas. Os estudos de casos anteriores relacionados com fenómenos da vida real foram cuidadosamente investigados, porque as observações das políticas culturais internas da organização podem afetar seriamente as decisões de gestão. Os líderes, enquanto gestores eficazes, estão sempre sob pressão porque têm de tomar decisões importantes e atuar num ambiente de trabalho muito complexo. Os líderes estão sempre a enfrentar novos desafios de gestão, uma vez que os "negócios" estão a evoluir para situações mais complexas, e a necessidade de conceber e desenvolver novas competências e capacidades é sempre importante para criar produtividade. A eficiência e a eficácia são também muito importantes para uma organização, uma vez que o seu funcionamento num ambiente empresarial complexo pode criar uma vantagem competitiva, uma imagem forte no mercado e uma reputação.

O rápido desenvolvimento da tecnologia criou novos métodos de implementação da tomada de decisões e desenvolveu técnicas para comparar as exigências crescentes das necessidades dos consumidores. No sector do ensino superior, a aplicação de estratégias modernas é decidida com base na conceção cuidadosa de novas estratégias inovadoras, a fim de criar uma "mudança organizacional" num ambiente empresarial em rápida mutação para as organizações. A necessidade de criar uma vantagem competitiva para uma organização exige padrões e princípios elevados que só podem ser alcançados com a melhoria contínua e o investimento em novos conhecimentos e na aprendizagem ao longo da vida através de cursos de formação, tais como: gestão do conhecimento, motivação no local de trabalho, formação de equipas, relações com os trabalhadores e diversidade. "*O desenvolvimento da liderança é um benefício importante tanto para os trabalhadores como para a organização porque, por um lado, os trabalhadores apreciam a oportunidade dada pela sua direção e, por outro lado, a direção recebe os bons resultados*" (Harrison 2008: 118).

Os líderes, enquanto gestores eficazes, devem, em primeiro lugar, fazer um diagnóstico para compreender as necessidades de uma organização antes de a direção decidir a "terapia". A sobrevivência, o crescimento e a rentabilidade de cada organização dependem da rapidez de adaptação e do sucesso das acções de liderança. A gestão estratégica global pode ser criada com base nas exigências encontradas pelos líderes cujo papel é transferir mensagens de gestão para "desenhar" uma cultura organizacional, desenvolver o espírito de equipa e melhorar o desempenho, e criar mudanças. A formação de equipas e o desempenho necessitam de poder. O poder foi definido por McClelland (1970) como *"a influência intencional sobre as convicções, as emoções e os comportamentos das pessoas. O poder potencial é a capacidade de o fazer, mas o poder cinético é o ato de o fazer"*... e... *"ter poder é ser capaz de fazer as coisas desejadas, de produzir acções de resultados e as decisões que as precedem"*. O incentivo do "poder" afecta a "influência" e a "liderança". Sem "influência" as pessoas não teriam cooperação nem sociedade, e sem "liderança" nos domínios médico, político, tecnológico, financeiro e espiritual a humanidade não teria padrões de vida no mundo atual (McClelland, 1970).

Os líderes que operam em instituições de ensino superior, como universidades e colégios, implementam e seguem as orientações estratégicas da sua administração educativa e orientam a tomada de decisões, as leis e os regulamentos da sua administração, de modo a atingir objectivos organizacionais importantes. O Coaching de Liderança pode criar uma "mudança organizacional" e também melhorar a cultura organizacional global, "codificando" e "descodificando" as mensagens correctas entre os colaboradores. Este livro apresenta o papel fundamental da liderança como uma ferramenta importante para alcançar as decisões estratégicas e de gestão globais, e concentra-se na administração educativa das organizações na República de Chipre.

CAPÍTULO DOIS:
LIDERANÇA CONSULTIVA E COACHING

2.0 Introdução

Cada instituição de ensino superior funciona de uma forma diferente da outra. Quaisquer que sejam as qualificações pessoais e as experiências de trabalho de cada funcionário, há sempre algo de novo a aprender. "*Vários investigadores da comunicação utilizaram com sucesso métodos quantitativos para avaliar a relação entre a liderança e a comunicação, em relação ao desempenho dos trabalhadores*" (Contartesi, 2010; Embry, 2009; Kennedy, 2009; Rouse, 2009a; Rouse & Schuttler, 2009). É por isso que as organizações estão a tentar utilizar métodos ao longo da vida para formar os seus empregados de uma forma que actue com base na cultura de uma organização. Qualquer novo conhecimento pode ser desenvolvido com base nas necessidades individuais ou ser escolhido pela organização para controlo pessoal e a sua avaliação é feita sobre cada trabalhador separadamente.

O desenvolvimento de carreiras procura manter um capital humano de elevada qualidade e procurar trabalhadores com um bom nível de formação, a fim de maximizar a rentabilidade e manter um ambiente de trabalho "saudável". As implicações para uma mudança social positiva incluem o potencial de identificar benefícios para a organização e para os seus trabalhadores (Nwankpa, 2015). O objetivo deste estudo de caso qualitativo é explorar as razões pelas quais os Facilitadores de Desenvolvimento de Carreira utilizam métodos modernos de orientação e aconselhamento no seu local de trabalho para controlar as forças de trabalho multigeracionais no sector superior da República de Chipre.

2.1 Investigação sobre liderança

O planeamento do início de qualquer nova investigação envolve uma investigação empírica de um determinado fenómeno contemporâneo no seu contexto de vida real que deve utilizar múltiplas fontes de evidência (Robson 2002). Saunders (2009:146) argumenta que *"a estratégia de estudo de caso tem uma capacidade considerável para gerar respostas às perguntas Porquê? O quê? e Como?"*. Além disso, *"os estudos de caso envolvem a medição do que está lá e de como lá chegou"* (Morris e Wood, 1991), enquanto *"o investigador deseja obter uma compreensão rica do contexto da investigação e dos processos que estão a ser realizados"* (Saunders 2009:146). Este capítulo apresenta algumas questões de investigação que foram utilizadas para a preparação deste livro. As perguntas de investigação e as respostas podem ser consultadas abaixo:

- *Que estratégias de liderança foram implementadas no local de trabalho pelos institutos de ensino superior locais?*

A investigação deste tópico de pesquisa ajudou a preencher uma lacuna na implementação de estratégias de liderança pelos gestores de instituições de ensino superior. A lacuna está relacionada com a falta de atenção que alguns funcionários demonstram na compreensão das diferenças multigeracionais. Os líderes concentram-se sobretudo em como ganhar mais dinheiro em vez de tentarem comunicar eficazmente com os seus colegas no que respeita a algumas abordagens diferentes. A investigação revelou que a diferença entre gerações é muito grande porque os trabalhadores mais velhos actuam com base na experiência de trabalho ("mecanicamente"), sem prestar atenção aos métodos ou técnicas modernos que possam ter aprendido em cursos de formação. Por outro lado, os trabalhadores mais jovens entraram na organização aprendendo novos métodos e estratégias durante os seus estudos recentes e, além disso, o facto de serem novos na organização leva-os a agir de forma mais "ética", seguindo as regras para sobreviverem no ambiente competitivo do local de trabalho. Como resultado, os dois lados entram em contrato, mostrando "o problema" com más formas de comunicação (como emoções, palavras, tensão).

- *Porque é que os líderes devem desenvolver competências no domínio da comunicação interna?*

Em qualquer organização, uma má comunicação interna pode ter efeitos no seu contacto com o "mundo exterior" e com o mercado em geral. Qualquer tensão ou desacordo a nível interno pode ser transferido para o exterior. A utilização de um teste de Inteligência Emocional (QE), em alguns casos, pode ser um curso de formação importante, uma vez que dá a oportunidade de examinar o outro lado da "forma de ver as coisas". A criação de um programa de formação para explicar e testar o QE pode ensinar novos métodos de comunicação ao pessoal e preparar as personalidades individuais para algo diferente. A diferença geracional num ambiente de trabalho multinacional pode criar sérios problemas a uma organização, especialmente se os funcionários falarem uma língua diferente ou tiverem crenças diferentes (por exemplo, religião).

- *Como é que os líderes de cada departamento participam na tomada de decisões de gestão?*

Os líderes têm uma comunicação diária com as suas equipas. Os líderes podem examinar as acções diárias e sugerir soluções de acordo com cada situação. Os líderes estão em conjunto com as suas equipas e não dão ordens como alguns gestores costumam fazer. Os líderes conseguem compreender as necessidades das equipas e transmitir à direção de uma instituição (faculdade/universidade), no momento certo, as mensagens certas e os resultados finais das acções das equipas. O modelo do leque de liderança que foi apresentado acima mostra o papel e o "poder" que um gestor tem, bem como o papel diferente que um líder tem como um dos propulsores desse leque. Todos precisam uns dos outros para que a ventoinha dê ar "fresco". Os gestores, como o poder de uma organização, devem ouvir os líderes e as suas sugestões para fazer girar as três "hélices" do modelo, para criar confiança e paixão, para apoiar a motivação e construir a mudança organizacional. Uma Organização que Aprende é um processo eficaz que funciona melhor quando a formação constrói a mudança para uma organização.

2.2 Investigação sobre o desenvolvimento da carreira

O objetivo desta investigação era encontrar respostas para as seguintes questões:

- *Como é que a transformação de novas mensagens pelos Facilitadores de Desenvolvimento de Carreira pode apoiar as necessidades dos planos futuros de estudantes e adultos para ser eficaz?*

O trabalho pode ser uma fonte de enriquecimento, alegria e significado para as pessoas, mas também pode ser uma fonte de stress e sofrimento. Parte do stress e do sofrimento podem ser atribuídos ao tratamento diferenciado de homens e mulheres nas sociedades de todo o mundo e à forma como a construção social do género provoca disparidades que podem ter um grande impacto na qualidade da vida profissional. Dados claros e consistentes indicam que esta construção social e cultural do género e o seu impacto no trabalho que homens e mulheres acabam por obter começa muito cedo na vida de uma criança. Por exemplo, os estudos indicam que os estereótipos profissionais se desenvolvem logo nos anos pré-escolares (4-5 anos) (Care, Deans, & Brown, 2007; Gottfredson, 2005), com as crianças a indicarem visões estereotipadas das profissões apropriadas para cada género, o que pode limitar seriamente o leque de alternativas profissionais apropriadas para cada género.

- *Quais são as competências e os conhecimentos que os Facilitadores de Desenvolvimento de Carreira devem possuir para transformar eficazmente a orientação de estudantes e adultos no que respeita à aquisição de novos conhecimentos e ao desenvolvimento de competências? Que papel desempenham as competências de empregabilidade nas nossas vidas?*

A medição da eficácia da comunicação numa organização tem pontos fortes e fracos (Tourish e Hargie, 2009, p. 41). É evidente que cada organização funciona de forma diferente, pelo que alguns métodos e estratégias que são implementados numa organização não podem ser facilmente implementados por outra. Esta investigação tem algumas conclusões muito boas, mas, ao mesmo tempo, há também algumas conclusões que necessitam de uma investigação mais pormenorizada para obter melhores resultados. A maioria das questões de investigação foi respondida de forma clara para preencher as lacunas deste tópico, mas algumas pareciam difíceis de responder devido à forma geral como foram apresentadas. A pressão do tempo, num ambiente de trabalho atarefado em que participei, parecia ser um problema sério para obter respostas aprofundadas sobre o tema da investigação. O tempo conta para todos, pelo que o respeito pelo tempo dos participantes e, ao mesmo tempo, a recolha de dados (questionários/entrevistas) para encontrar respostas de qualidade e aprofundadas são muito importantes. A seleção de dados numéricos pode mostrar algumas informações muito positivas sobre a participação e o envolvimento na formação, mas não é fácil recolher números sobre a participação no tópico investigado. Ao mesmo tempo, não foi possível apresentar o sucesso da formação porque a qualidade dos resultados não pode ser medida. No futuro, qualquer nova investigação poderia estar relacionada com tópicos de comunicação para o sucesso de uma organização, para examinar os pontos fracos e analisar questões específicas mais aprofundadas.

- *Porque é que as pessoas trabalham? Porque é que os conselheiros de carreira se devem centrar nos processos de ajuda, nas diversas populações, nas questões éticas e legais?*

Embora as últimas décadas tenham proporcionado uma maior igualdade de género a alguns homens e mulheres, há ainda muito trabalho a fazer na maioria dos países do mundo, incluindo Chipre. A melhoria da igualdade entre homens e mulheres nos países, incluindo Chipre, não só melhora as condições de vida dos homens e das mulheres, como também é fundamental para o funcionamento das sociedades. Colmatar as disparidades entre homens e mulheres em todos os domínios relacionados com o trabalho é benéfico não só para o indivíduo mas também para a sociedade no seu conjunto. As questões dos estereótipos profissionais, do conflito ou enriquecimento trabalho-família, do valor comparável, do teto de vidro/chão pegajoso e das disparidades nas carreiras STEM são questões de género. Os problemas enfrentados na República de Chipre em matéria de equidade podem ser inseridos num contexto global mais vasto. Ao inseri-los neste contexto, tornam-se questões de interesse universal cuja resolução beneficia toda a gente. A investigação revelou que os homens continuam a ser vítimas de estereótipos de papéis de género e que muitos deles consideram que as alternativas profissionais são muito limitadas devido ao seu género. Há provas claras de que continua a haver discriminação, particularmente contra homens homossexuais, homens de cor, homens imigrantes, homens que vivem na pobreza e homens que fazem escolhas profissionais não tradicionais (Heppner & Heppner, 2001; O'Neil, 2008). A investigação sobre estereótipos ocupacionais em adolescentes e adultos normalmente questiona os participantes sobre as suas crenças explícitas acerca das profissões. Por exemplo, os participantes podem receber uma lista de profissões e ser-lhes perguntado quais as profissões que exigem traços masculinos ou femininos. Este tipo de metodologia tem sido criticado por estar muito sujeito a respostas socialmente desejáveis. Por exemplo, os indivíduos que têm opiniões estereotipadas sobre as profissões podem não as exprimir se considerarem que responder dessa forma é socialmente inaceitável ou ilegal (por exemplo, Lei dos Direitos Civis de 1964, Título VII).

CAPÍTULO TRÊS:
COMUNICAÇÃO DA LIDERANÇA

3.0 Introdução

Um processo de comunicação deve ser *"a transmissão de informação e a troca de conceitos entre pelo menos dois indivíduos"* (Dominick 1999). Davis argumenta que (2004:19): *"Um líder bem sucedido deve ter as competências para uma comunicação eficaz, de modo a encorajar a confiança, manter a credibilidade e criar entusiasmo. Um líder de sucesso também deve ser capaz de comunicar eficazmente para transferir a mensagem, orientar as competências e criar compreensão e confiança"*. De acordo com Barrett (2006), *"um bom método de comunicação deve ser presencial, por correio eletrónico e avisos escritos. A mensagem deve ser descodificada pelo recetor para ser bem sucedida"*.

Os resultados de uma comunicação de liderança podem afetar a qualidade e os valores funcionais de uma organização. O papel da comunicação de liderança consiste em explorar formas digitais de comunicação através da utilização de tecnologia que desempenha um papel importante na consecução de um objetivo. A comunicação da liderança pode fazer parte da gestão estratégica global, que pode ser abordada tanto a nível organizacional como individual. A forte concorrência num ambiente empresarial global complexo cria a necessidade de orientações mais inovadoras para as organizações, a fim de criar sustentabilidade.

Figura 1: Comunicação da Liderança

Fonte: Barrett, D.J. (2006), Leadership Communication

3.1 A ferramenta da Motivação

"A motivação é uma força interna que uma pessoa tem para agir de acordo com um determinado desejo ou necessidade, e uma força motriz através da qual os seres humanos atingem os seus objectivos" (Furnham, Eracleous, & Chamorro-Premuzic, 2009). Maslow (1908-1970), é apresentado pelos autores como o pai da teoria da motivação e a sua descoberta sobre a 'Hierarquia das Necessidades'. O livro de Maslow "Motivation and Personality", publicado em 1954, tenta formular um quadro de motivação humana baseado nas necessidades. Ele argumenta que *"os gestores que motivam com encorajamento e controlam a sua visão e paixão só têm sucesso se conseguirem energizar os seus empregados com o poder da motivação"*. Os líderes, em todo o mundo, reconheceram o "poder da motivação" como uma ferramenta para satisfazer as necessidades da organização. *"Os líderes organizacionais têm a responsabilidade de comunicar com os seus empregados"* (Schuttler, 2010), porque qualquer *"método de comunicação diferente pode 'atrasar' o desempenho"* (Gibson, 2009).

Vários estudos indicam que uma comunicação deficiente por parte dos líderes está significativamente correlacionada com o fraco desempenho dos trabalhadores (Contartesi, 2010; Embry, 2009; Rouse, 2009a; Rouse & Schuttler, 2009). Lussier (2008) argumentou que existem dois tipos de motivação: *A motivação extrínseca e a motivação intrínseca.*

- *Os motivadores extrínsecos* são factores que são influenciados "de fora" por uma pessoa, como o salário, o bónus, os incentivos ao trabalho, as condições de trabalho, o título do emprego e os benefícios do emprego (Lussier, 2008).
- *Os motivadores intrínsecos* são factores que influenciam o "interior" de uma pessoa, como o reconhecimento e a realização (Lussier, 2008; Hayenga & Corpus, 2010).

A maior parte das pessoas pensa que o termo "motivação" é um conceito simples de explicar, mas, na verdade, a sua observação mostrou ser muito mais complicada em termos de significado, porque "a motivação está relacionada com a emoção, mas é distinta desta". A motivação "pode ter origem numa necessidade básica de minimizar a dor física e maximizar o prazer, ou pode incluir necessidades específicas como comer e descansar, ou um objeto desejado, um objetivo, um estado de ser, um ideal, ou pode ser atribuída a razões menos aparentes como o altruísmo, o egoísmo, a moralidade ou evitar a mortalidade" (Huczynski et al. 2007:242). A motivação pode aumentar a produtividade no local de trabalho e pode afetar a qualidade dos produtos ou serviços. Huczynski (2007) argumenta que "uma das melhores formas de obter resultados positivos no local de trabalho é ter uma compreensão clara de como as pessoas são persuadidas e motivadas", porque quando as pessoas estão altamente motivadas, é fácil alcançar o impossível.

3.1.1 O papel da motivação na cultura organizacional

A motivação é geralmente utilizada para refletir ou conduzir a posição de um indivíduo para uma atividade e não é mais do que uma razão ou o conhecimento de uma razão para fazer algo (Huczynski, 2007). Nas empresas, a motivação é uma ferramenta muito útil que afecta a cultura organizacional global, pelo que o papel dos líderes é utilizar essa ferramenta para criar um ambiente de trabalho produtivo. A motivação é a chave para alterar os sentimentos dos trabalhadores de uma forma positiva, através da qual o comportamento orientado para os objectivos é iniciado, energizado, dirigido e mantido.

Os líderes, em todo o mundo, reconheceram o "poder da motivação" e pessoas diferentes podem ter motivações muito diferentes. O modelo interpessoal de comunicação (ou comunicação cara a cara, como é designada em palavras simples), quer seja utilizado através de competências de comunicação verbal ou não verbal ou do estilo de comunicação masculino/feminino, pode ser "convergente" ou "divergente" para motivar alguém (Huczynski et al, 2007). Quando a liderança passa a ser implementada de forma eletrónica, as acções devem ser um pouco diferentes para que o destinatário receba a mensagem através de um e-mail, voz, visão, com métodos como o tom de voz, expressões e estilo de escrita. A comunicação pode afetar a relação entre os trabalhadores e a liderança no local de trabalho, bem como a relação entre o desempenho dos trabalhadores e o clima organizacional. O mesmo acontece quando as operações são efectuadas por meios digitais.

De acordo com West & Turner (2010), *"a comunicação é um processo em que os indivíduos utilizam símbolos e sinais para criar e determinar o significado no seu ambiente",* o que cria confiança, envolvimento dos trabalhadores e uma perceção de abertura numa organização (Thomas et al., 2009). Thomas et al. (2009) também concluíram que *"a criação de confiança entre um líder e um funcionário é eficaz quando a informação transferida é comunicada de forma atempada e exacta".*

3.1.2 Líderes eficazes como gestores eficazes em ambientes de trabalho eletrónico

A eficácia das estratégias de comunicação depende da sua implementação nos locais de trabalho, porque *"o desempenho dos trabalhadores é medido em termos de feedback relativamente à liderança, ao trabalho em equipa, à comunicação, à inovação e ao serviço ao cliente"* (Vukotich, 2010), e os resultados em termos de qualidade e quantidade total (Thomas et al., 2009). O feedback baseia-se nas interacções do avaliador com o empregado em relação às suas posições dentro da organização (Hassan & Rohrbaugh, 2009). A comunicação entre as diferenças geracionais pode frequentemente afetar a relação final entre um trabalhador e um líder (Lancaster & Stillman, 2002). Uma comunicação ineficaz conduz frequentemente a um conflito na força de trabalho (Aula & Siira, 2010), que consome 18% (quase 8 horas) da semana de trabalho de um gestor (Accountemps, 2011). A Pew Research (2011) descobriu que 47% dos inquiridos no estudo indicaram que tiveram um tipo de experiência que estava relacionada com diferenças geracionais num conflito no local de trabalho. "Cekada (2012) argumentou que *"o sucesso no local de trabalho digitalizado moderno depende da comunicação imediata e direta, especialmente quando é utilizada numa força de trabalho multigeracional"*. A gestão de conflitos é uma parte normal do trabalho de um gestor, mas as diferentes perspectivas das gerações criam oportunidades de conflito entre elas (Burmeister, 2008).

3.2 Comunicação de crise

As organizações enfrentam ocasionalmente crises de reputação não planeadas que podem destruir o valor da marca ou mesmo levar uma organização à falência. Como as novas relações com os meios de comunicação social e as tecnologias multimédia estão a desenvolver-se rapidamente, o papel que a comunicação desempenha numa crise pode ser um desafio crítico. Nesses momentos, o apoio dos círculos internos torna-se especialmente valioso, uma vez que os amigos e familiares dos empregados procuram saber o que se passa e os participantes talentosos e motivados ponderam se devem ou não permanecer na organização. As organizações têm planos de contingência que podem ser implementados no local de trabalho. Se as estratégias de crise não forem bem sucedidas, pode ser difícil chamar a atenção dos líderes seniores para o público interno, quando as partes interessadas mais importantes, como os investidores ou os clientes, parecem mais susceptíveis de abandonar a organização. Embora não planeada e geralmente com poucos recursos, a qualidade de uma situação de crise tem frequentemente um impacto decisivo no crescimento de uma organização. Koshen, (2018), sugere uma estratégia de comunicação de crise que pode ser implementada digitalmente por uma organização a nível mundial:

- Utilizar a imprensa local.
- Dar visibilidade às notícias dos antigos alunos.
- Promover a investigação do corpo docente.
- Reagir a temas actuais.
- Destacar os conhecimentos especializados do corpo docente.
- Mensagens direccionadas para as redes sociais.
- Criar um boletim informativo interno.
- Criar alertas em caso de crise.

CAPÍTULO QUATRO:
INVESTIGAÇÃO E AVALIAÇÃO

4.0 Introdução

Cada organização funciona de forma diferente, pelo que cabe à sua direção aplicar as teorias e descobertas existentes para desenvolver estratégias que devem ser implementadas para criar soluções inovadoras e competitivas, a fim de construir um melhor ambiente empresarial no século XXI. Este capítulo apresenta a forma como os novos conhecimentos vêm acrescentar-se aos anteriores, a fim de apoiar as comunidades locais e criar um mundo melhor, uma vez que há sempre algo de novo a descobrir com o passar do tempo.

O impacto e a eficácia de um líder em relação à "equipa" estão a ser considerados na prática durante um projeto de trabalho que facilita o respeito pela visão oposta e a avaliação da responsabilidade social através de soluções de inovação (Astin et al 2000, Wielkiewicz et al., 2005). Por outras palavras, *"a liderança surge da interação de pessoas com ideias, atitudes e crenças diferentes"* (Wielkiewicz et al., 2005), que é a dinâmica do comportamento de uma pessoa para atingir um objetivo. "Não *é mais do que o processo cognitivo de tomada de decisão através do qual o objetivo comportamental se move, ativa e mantém"* (Huczynski, 2007). Huczynski et al (2007) também argumenta que *"a motivação pode ser intrínseca ou extrínseca, que é a dinâmica determinante para o comportamento de um empregado que pode estar enraizada numa necessidade básica de minimizar a dor física e maximizar o prazer".*

4.1 Questões de investigação

Uma investigação deve encontrar respostas para questões como: "*Como é que* a comunicação pode mudar a forma como as organizações comunicam com as partes interessadas?", "*Quais* são os elementos essenciais que um líder deve saber para orientar eficazmente a mudança organizacional de uma organização?", "*Porque é que* as competências de comunicação são úteis para apoiar as necessidades de qualquer orientador de liderança para ser eficaz?"

4.2 Conceção da investigação

Um estudo anterior concluiu que as operações globais de uma organização funcionam como uma ventoinha (Figura 2). O mesmo estudo revela que, quando um cliente compra uma ventoinha, a primeira coisa que vai fazer é ler o manual do utilizador. Isto significa que reconhece o problema e já está a seguir os passos necessários. Por outras palavras, as estratégias devem ser concebidas e implementadas de forma tão simples quanto possível e fácil de compreender.

O "Leque de Liderança" explica como a gestão transfere as decisões tomadas, comunicando mensagens internamente, e porque é que o coaching de liderança faz girar as hélices para criar mudanças e tornar-se produtivo e eficiente:

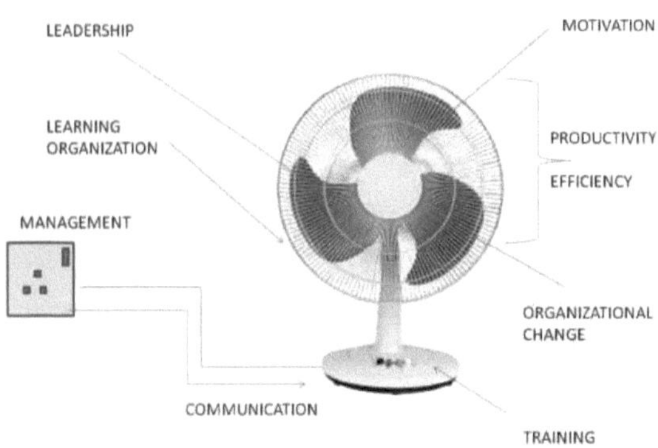

Figura 2: O Modelo de Leque de Liderança (Fonte: Colocassides, E.M. (2016))

4.2.1 Métodos de investigação

O método de recolha de dados pode incluir: questionários, entrevistas (individuais ou em grupo), observação, calendários e a grelha de repertório. Todos os métodos de investigação conduzem à análise de dados quantitativos e qualitativos, geralmente sob a forma de números e técnicas de análise de qualidade. De acordo com Saunders et al (2009), existem três camadas: estratégias de investigação, opções de investigação e horizontes temporais. "*Estas três camadas podem ser consideradas como o foco do processo de conceção da investigação, ou seja, transformar a questão de investigação num programa de investigação*" (Saunders, como apresentado no livro de Robson em 2002). A área de exame em que esta investigação se vai concentrar é o sector do ensino superior - faculdades e universidades privadas - na República de Chipre. O método de investigação utiliza entrevistas para recolher dados qualitativos e questionários para recolher dados quantitativos. Cada organização funciona de uma forma diferente, pelo que há sempre algo de novo a aprender. "*Vários investigadores em comunicação utilizaram com sucesso métodos quantitativos para avaliar a relação entre a liderança e a comunicação, em relação ao desempenho dos trabalhadores*" (Contartesi, 2010; Embry, 2009; Kennedy, 2009; Rouse, 2009a; Rouse & Schuttler, 2009).

4.2.2 Conceber um plano de desenvolvimento de liderança sustentável

A conceção de um plano de desenvolvimento da liderança é uma situação complexa que requer uma orientação passo a passo. Os passos 1 a 8 abaixo mostram o que os líderes devem fazer para conceber o seu plano de desenvolvimento estratégico da liderança:

Passo 1: Definir o que geralmente faz um grande líder.
Passo 2: Fazer uma autoavaliação.
Passo 3: Identifique os seus valores fundamentais.
Passo 4: Escreva uma declaração de visão pessoal.
Passo 5: Analisar o que os outros pensam de si.
Passo 6: Identificar as competências de liderança actuais e em falta.
Passo 7: Definir objectivos.
Etapa 8: Elaborar um plano de ação.

Passo 1: Definir o que geralmente faz um grande líder: Para criar um plano de desenvolvimento da liderança é necessário inspirar-se nos grandes líderes actuais. Existe uma lista de aptidões de liderança, como traços, competências, capacidades e experiência, que podem ser utilizadas por um bom líder. Além disso, um comportamento honesto e ético, bem como a comunicação de uma visão, podem desenvolver a criatividade e a consciência para enfrentar dificuldades e situações imprevisíveis.

Passo 2: Fazer uma autoavaliação: Para compreender as características pessoais e os pontos fortes, um líder deve perguntar *"Quem sou eu e o que quero alcançar"*. A resposta baseia-se em características essenciais e traços de personalidade como "aventureiro", "observador" e "impulsivo". Alguns testes de personalidade disponíveis também podem ajudar um líder neste método de autoavaliação, como o 'Myers-Briggs Type Indicator (MBTI)' e o 'Strengths Finder'. Outro método mais simples consiste em pedir a amigos, colegas e familiares que escrevam palavras que o descrevam como pessoa.

Passo 3: Identifique os seus valores fundamentais: Os valores fundamentais são os princípios que permitem aos líderes tomar decisões e agir com base na honestidade e em regras éticas. Os seguintes valores fundamentais são os mais importantes para utilização:

Realização, Progresso, Aventura, Afiliação, Afluência, Autoridade, Autonomia, Equilíbrio, Desafio, Colaboração, Comunidade, Competência, Competição, Coragem, Criatividade, Dever, Segurança económica, Prazer, Fama, Amizade, Saúde, Ajudar os outros, Humor, Influência, Harmonia interior, Integridade, Conhecimento, Lealdade, Desenvolvimento pessoal, Responsabilidade, Respeito por si próprio, Espiritualidade, Sabedoria.

Passo 4: Escrever uma declaração de visão pessoal: Uma Declaração de Visão Pessoal reflecte os traços pessoais e os valores fundamentais que já foram apresentados. Os líderes devem concentrar-se em *O que um líder quer ser em termos de traços de carácter? O que é que o líder quer alcançar ou contribuir?*

Quais os princípios e valores que devem ser utilizados pelos líderes para tomar decisões e atingir objectivos? Porque é que esta declaração retrata corretamente quem um líder quer ser e se pode inspirar os outros?

Etapa 5: Analisar o que os outros pensam de si: Verifique se os traços de personalidade, os valores fundamentais e a declaração de missão pessoal estão de acordo com o que os outros atualmente "pensam de si": *1) O que é que os líderes querem que os empregados digam sobre si? 2) O que é que os empregados dizem realmente? 3) Como é que os outros o vêem atualmente? 4) Preocupa-se com a perceção que os outros têm de si? 5) Quais são as expectativas de profissionalismo e liderança na sua área?* As respostas darão uma ideia sobre se é necessária uma mudança de imagem por parte dos líderes, e se é necessário um esforço cognitivo, psicológico, emocional e físico por parte dos líderes.

Passo 6: Identificar as competências de liderança actuais e em falta: Os líderes devem conhecer as qualidades de liderança, os traços de personalidade, os valores fundamentais e a visão pessoal, para identificar as competências que já possuem e as que devem ser melhoradas, tais como Competências *pessoais* (autoconsciência, gestão do stress pessoal, resolução de problemas), *Competências interpessoais* (orientação e aconselhamento, outra comunicação de apoio, influência e motivação dos outros, gestão de conflitos), *Competências de grupo* (capacitação e delegação, criação de equipas eficazes e trabalho de equipa, gestão da mudança), *Competências técnicas* (fazer apresentações, elaborar políticas, gestão de pessoal, orçamentação, gestão de projectos).

Passo 7: Definir objectivos: O SMART cria melhores relações com os empregados e os clientes, dando aos empregados o poder de tomar decisões a todos os níveis:

Específico - Perguntar quem, o quê, onde, quando, porquê e qual

- **Mensurável -** Estabelecer critérios concretos para medir o progresso; perguntar "Quanto?", "Quantos?" e "Como saberei quando está concluído?"

- **Atingível -** Quase todos os objectivos podem ser atingidos se planear bem as etapas e estabelecer um prazo realista; pergunte a si próprio que condições teriam de existir para atingir o objetivo
- **Realista -** Os objectivos devem ser coisas para as quais está disposto e é capaz de trabalhar - coisas que acredita que podem ser alcançadas e que quer realmente alcançar
- **Oportuno -** Os objectivos devem ser estabelecidos dentro de um período de tempo específico

Passo 8: Escrever um plano de ação: Nesta etapa, os líderes devem estar em condições de elaborar um plano de ação estratégico de desenvolvimento pessoal que lhes permita atingir os seus objectivos e tornarem-se líderes de sucesso.

4.2.3 Técnicas de amostragem

Seleção de canais

Cada pessoa é diferente e ninguém tem as mesmas experiências com os outros. Os motivos pessoais são os principais factores determinantes do comportamento. Exemplos simples como levantar-se de manhã podem motivar alguém a fazer algo diferente, ou mesmo visitar amigos e familiares, e um bom momento de lazer como fazer uma viagem. No mundo dos negócios, a motivação é uma ferramenta muito útil que pode afetar a organização em geral para criar produtividade. Um dos principais desafios que qualquer comunicador interno terá de enfrentar é como selecionar os canais certos - e a combinação certa de canais - tanto para o público como para a mensagem. As considerações práticas, tal como descritas por Bill Quirke (2003) e Weick (1995), são as seguintes

- **Disponibilidade**: que canais já existem na organização ou podem ser introduzidos eficazmente?
- **Público-alvo**: quem são, onde se encontram, como preferem aceder à informação e qual a eficácia do canal proposto para os alcançar e cativar?

- **Objectivos**: o que é que a organização pretende que as pessoas aprendam, pensem, sintam ou façam em resultado da mensagem?
- **Conteúdo**: qual é o contexto e a substância da mensagem (por exemplo, as mensagens sensíveis podem ter de ser comunicadas cara a cara e não por mensagem de texto)
- **Calendário**: qual a urgência da mensagem (por exemplo, comunicações em tempos de crise que exigem a rápida divulgação de mensagens importantes)

4.2.4 Controlo do tráfego

Numa grande organização típica, a função de Comunicação Interna terá a preocupação de monitorizar e limitar a *quantidade* de informação que flui através de cada canal interno, estabelecendo prioridades de acordo com a relevância de uma determinada mensagem para o público implicado nesse canal, bem como a urgência e o impacto da mensagem. Estas organizações correm normalmente o risco de os canais (como as notícias da intranet ou o correio eletrónico) serem utilizados em excesso para mensagens inadequadas e de baixo valor, fazendo com que os grupos vitais da audiência as filtrem.

4.3 Métodos e técnicas de recolha de dados

4.3.1 Questionários

O instrumento de dados mais utilizado nas áreas da comunicação é o questionário. *"Isto porque ajuda o investigador a examinar as práticas de comunicação de um sistema tanto a nível macro como micro da organização"* (Hargie & Tourish, 2009). Um questionário também apoia uma investigação porque fornece informações importantes num período de tempo muito curto (Baron & Kenny, 1986; Downs & Adrian, 2004; Hamilton, 1987). Barker (1986:153) argumenta que *"um questionário é bem concebido para medir as preocupações dos empregados e da organização, bem como uma ferramenta válida e fiável que torna a sua utilização apropriada quando se examina a comunicação nas organizações"*.

4.3.2 Entrevistas

A participação numa série de entrevistas poderia apoiar a investigação na recolha de dados quantitativos, algumas reacções e sentimentos sobre as competências de comunicação. As entrevistas explicam e partilham experiências e opiniões sobre a comunicação no local de trabalho (Komini, 1991). Para além disso, *"as questões de confiança e confidencialidade, entre um entrevistado e um entrevistador, são uma boa oportunidade para manter o mais poderoso do relato e acrescentar algumas perguntas extra (se necessário)"* (Dominick 1999). Além disso, *"ter gravado as entrevistas é também uma das vantagens, porque não se perde nada"* (Saunders 2009, p.329). As entrevistas são necessárias e "constituem uma discussão deliberada entre duas ou mais pessoas" (Kahn e Cannell 1957, como argumentado em Saunders et al: 318), uma vez que é óbvio que os questionários não podem responder a algumas questões em profundidade. Optou-se por este método de recolha de dados porque um contacto presencial poderia oferecer-me a oportunidade de estudar em profundidade algumas reacções e sentimentos do entrevistador, tais como a gestão da diversidade, a cultura da organização e o desenvolvimento pessoal, os métodos de comunicação, as competências de liderança e a formação contínua, quer estes tenham um feedback positivo ou negativo sobre os trabalhadores. Durante as entrevistas, as pessoas têm a oportunidade de explicar e partilhar as suas experiências e os seus pontos de vista sobre o assunto a investigar... de fazer alguns comentários positivos e negativos sobre a sua experiência... e de informar o investigador sobre os dados quantitativos e qualitativos disponíveis" (Komine 1991). A vantagem de uma entrevista pessoal é o facto de fornecer boas informações e uma boa taxa de resposta. Além disso, as entrevistas pessoais com os dirigentes e os membros das suas equipas, independentemente do nível, proporcionar-me-ão novos conhecimentos e a prática de técnicas de entrevista que talvez não tenham sido adquiridas durante a formação pessoal anterior. "Os pontos fracos deste segundo método de investigação são a transferência para o papel dos sentidos e sentimentos que podem surgir no local durante as entrevistas. Além disso, o custo de deslocação no trânsito para participar nestas entrevistas pode não ser fácil devido ao horário atarefado dos funcionários e também "aumentará ainda mais o valor de um custo de investigação já existente e dispendioso" (Saunders et al 2009: 334).

4.4 Brainstorming

A recolha de dados não é uma tarefa fácil. "*Existem três camadas: as estratégias de investigação, as escolhas de investigação e os horizontes temporais*" (Saunders 2009:136). "*Estas três camadas podem ser consideradas como centradas no processo de conceção da investigação, ou seja, transformar a questão de investigação num projeto de investigação*" (Saunders, como citado em Robson 2002). O exame de estudos de caso oferece oportunidades de recolha de provas e dados relacionados com a comunicação digital, bem como perspectivas de exame de acções contemporâneas da vida real. "*Os estudos de caso envolvem a medição do que está lá e como lá chegou*" (Morris e Wood, 1991), e ajudam "*os investigadores a obter uma compreensão rica do contexto da investigação e dos processos em curso*" (Saunders 2009:146).

4.5 Validade e fiabilidade

A conceção e produção de mensagens é um serviço básico de Comunicação Interna para uma organização, a fim de começar com serviços editoriais que aperfeiçoam as mensagens redigidas pelos participantes na organização ou redigem novo material em seu nome. Os profissionais de CI podem simplesmente corrigir a gramática básica, etc., especialmente nas organizações em que muitos participantes podem estar a trabalhar na sua segunda ou terceira língua ou no seu equivalente de marca, o "tom de voz". A conceção da mensagem pode ser iterativa ou envolver uma série de participantes num processo de aprovação. Os livros e quaisquer outras referências devem ser a chave para entrar na porta dos novos conhecimentos. Qualquer novo conhecimento deve ser acrescentado a descobertas anteriores relativamente a trabalhos e fontes anteriores. Há sempre algo de novo para descobrir à medida que o tempo passa e, tal como o puzzle, será ligado ao trabalho de outros para descobrir e criar algo novo. [st]Cada organização funciona de forma diferente, pelo que cabe a cada uma delas utilizar as teorias e descobertas existentes na prática para criar soluções, planos e estratégias inovadores e competitivos para um melhor ambiente empresarial no século XXI. Finalmente, espera-se encontrar respostas para as questões-chave desta investigação, que são *"Quais são os elementos essenciais que um líder deve saber para orientar eficazmente e criar mudanças organizacionais para uma organização?", "Porque é que as competências de comunicação são úteis para apoiar as necessidades de qualquer orientador de liderança para ser eficaz?", "Como é que a comunicação pode mudar a forma como as organizações comunicam com as partes interessadas?".*

4.6 Dados quantitativos e qualitativos

Os líderes devem ser capazes de ver como o seu envolvimento pode criar valor, e as suas recompensas por uma participação ativa no plano estratégico global da organização para manter o controlo, desenvolver um ambiente sustentável e saudável, e negócios viáveis no presente e criar inovação para o futuro (Stacey, 2011). Creswell (2009) sublinhou que o guia de questões de investigação é *"um estudo para revelar possíveis temas através da diversificação das opiniões e da visão dos participantes".* Para criar uma organização competitiva no atual ambiente económico complicado, a mudança organizacional é um processo contínuo de mudança planeada e o alinhamento das condições externas e internas (Westover, 2010). Os líderes a todos os níveis podem obter mais informações sobre quando e como implementar os métodos correctos de comunicação estratégica para cada caso na sua utilização quotidiana para uma mudança eficaz e a melhoria do pessoal. Os níveis crescentes de satisfação dos trabalhadores com o apoio da liderança através da comunicação digital podem satisfazer os resultados finais dos clientes e os serviços ou produtos da organização. Avolio,

Walumbwa e Weber (2009) indicaram que os estudos anteriores se centravam na pessoa. Os líderes podem influenciar o ambiente empresarial interno e externo, algo que os investigadores do passado e do presente exploraram em termos de relações que influenciam os outros numa direção partilhada. Kathuria et al. (2010) especificaram que os líderes eficazes partilham visões e exercem influência, e envolvem os seguidores para que se tornem criativos e activos na sua organização. Amostras práticas de fontes de dados quantitativos revelaram que, ao fornecer uma visão composta sobre dispositivos móveis em ambientes educativos. A fonte investiga a relação entre a usabilidade da ferramenta, a participação dos estudantes e a melhoria do desempenho académico (Pereira et al., 2014). As ferramentas tecnológicas que têm sido utilizadas, encontraram um quadro celular de palestras que aumentou o desejo de aprender e a cooperação dos alunos, o que leva a uma melhoria significativa nos seus resultados académicos. Nos últimos anos, os instrutores têm tido um interesse crescente em integrar a plataforma de educação baseada na nuvem na sua sala de aula como parte do ambiente de aprendizagem, especialmente no ensino profissional da China (Wu et al., 2014). A fonte mostra que a média do grupo de tratamento é de 74,03 e a média do grupo de controlo é de 65,86, o que significa que conduz a uma melhoria significativa dos seus resultados académicos. Estes números mostram que os métodos de ensino inovadores e as ferramentas de integração da tecnologia, como os dispositivos móveis, podem aumentar os resultados académicos de forma substancial e significativa e traduzir a política e a estratégia inter-organizacionais que foram desenvolvidas como bem sucedidas. Epstein e Buhovac (2014) argumentam que *"a implementação correcta de um plano para direcções futuras terá um impacto importante no sucesso de uma organização. Os elementos de um plano sustentável devem incluir os objectivos, as questões-chave e a motivação da equipa, bem como os sistemas adaptativos complexos". "A sustentabilidade de uma organização requer boas operações internas, boas relações com as partes interessadas e alta qualidade da tecnologia. "Os sistemas adaptativos complexos são frequentemente definidos como um conjunto macroscópico complexo de agentes relativamente semelhantes e parcialmente ligados para alterar o ambiente, e são também redes dinâmicas complexas de interacções"* (Carlisle et al, 2006).

Para compreender o significado de um sistema adaptativo complexo, Carlisle (2006) utiliza um exemplo prático da natureza: Apresenta o exemplo de um bando de pássaros que pode estar num sistema adaptativo complexo porque os pássaros estão a seguir "a onda" para atingir os seus objectivos, que é encontrar comida. De acordo com Greiner (1972), "Grande parte do campo moderno do mercado da educação surge do conceito de ciclo de vida da indústria, no qual as organizações progridem através de várias fases: *emergência* (com a introdução do primeiro produto ou serviço relevante), *crescimento* (durante o qual a indústria experimenta uma onda de entrada e um aumento acentuado da procura), *maturidade* (caracterizada por uma procura mais estável e uma onda de saída líquida) e *declínio* (caracterizada por uma procura estagnada ou em declínio e um conjunto estável de empresas)".

CAPÍTULO CINCO:
DESENVOLVIMENTO E ACONSELHAMENTO DE CARREIRA

5.0 Introdução

A utilização correcta da Facilitação do Desenvolvimento e Aconselhamento de Carreira para o desenvolvimento pessoal dos adultos deverá ter uma influência positiva na sobrevivência e no crescimento da organização que opera num ambiente global altamente competitivo. O desenvolvimento e o aconselhamento de carreira devem funcionar num ambiente multicultural, a fim de criar "mudança" e desenvolver soluções inovadoras para o sector do ensino superior, de modo a atingir os objectivos e a missão. O atual ambiente empresarial global cria a necessidade de organizações mais competitivas para atingirem os seus objectivos e sobreviverem. A implementação do Desenvolvimento e Aconselhamento de Carreira para estudantes e adultos deve ser concebida e desenvolvida com orientações estratégicas modernas, de modo a criar uma vantagem competitiva. A utilização do desenvolvimento de carreira digitalizado, com o apoio de métodos e práticas de comunicação modernos (por exemplo, plataformas online), é muito importante para explorar formas de transmitir as mensagens correctas aos estudantes e adultos. Parece adequado começar por considerar as razões pelas quais as pessoas trabalham e os vários papéis que o trabalho pode desempenhar nas suas vidas. À primeira vista, a questão de saber por que razão as pessoas trabalham pode parecer tola ou discutível - do tipo que só os académicos empoleirados nas suas torres de marfim poderiam colocar. As pessoas trabalham porque têm de o fazer ou porque precisam do dinheiro do trabalho para pôr comida na mesa e um teto sobre as suas cabeças. Isto pode ser verdade para a maioria dos adultos, mas o trabalho como meio de sobrevivência não conta toda a história, pelo menos para toda a gente.

Uma forma de ver a questão de saber porque é que as pessoas trabalham é através da lente da famosa hierarquia de Abraham Maslow (1943), em que as necessidades humanas vão desde as que se centram na sobrevivência básica (por exemplo, a necessidade de comida) até à auto-realização (por exemplo, a necessidade de realizar o potencial interior de cada um). A hierarquia de Maslow é frequentemente representada como uma pirâmide, com as necessidades mais básicas (por exemplo, alimentação, segurança, proteção) na base. Nesta perspetiva, a satisfação das necessidades básicas constitui a base para satisfazer as necessidades sociais e psicológicas de ordem superior, como a amizade, a intimidade, a autoestima e o crescimento pessoal. Um dos problemas na aplicação desta hierarquia de necessidades à motivação para o trabalho é o facto de poder ser utilizada para implicar que algumas razões para trabalhar são, de alguma forma, mais nobres ou mais elevadas do que outras ou que as pessoas pobres trabalham apenas porque têm de o fazer (ou seja, para sobreviver), enquanto as mais abastadas trabalham porque querem (ou seja, para satisfazer necessidades de ordem superior). Para evitar este tipo de confusão, podemos simplesmente considerar que as necessidades de Maslow reflectem uma gama ou lista de razões pelas quais as pessoas trabalham, sem o pressuposto adicional de que são necessariamente hierárquicas por natureza. Assim, para além de satisfazer as necessidades básicas de sobrevivência, o trabalho pode proporcionar o contexto para satisfazer (pelo menos uma parte) das necessidades de segurança (por exemplo, aumentar o conforto material da família), pertença social e intimidade, estima pessoal (por exemplo, proporcionar um sentido de valor e realização pessoal), objetivo e auto-realização. As pessoas podem ser motivadas a trabalhar por qualquer combinação destas razões; não são mutuamente exclusivas ou necessariamente hierárquicas, exceto na medida em que a sobrevivência básica é obviamente um pré-requisito para a satisfação de outras necessidades.

O trabalho pode também estar menos "sobrecarregado" com definições conceptuais e culturais excessivas do que outros termos utilizados para descrever a mesma área essencial do funcionamento humano. Alguns autores sugeriram, de facto, que o campo da psicologia vocacional fosse reformulado como "psicologia do trabalho" ou "psicologia do trabalho" (Blustein, 2006). Este argumento considera que os termos mais antigos - psicologia vocacional, aconselhamento de carreira, etc. - continuam a ser úteis, mas ocasionalmente problemáticos. O trabalho refere-se ao domínio da vida em que as pessoas prestam serviços ou criam bens, normalmente (embora nem sempre) numa base remunerada. O trabalho pode também referir-se às actividades específicas que se realizam de forma remunerada ou voluntária (i.e., trabalho voluntário). Na maioria das sociedades, o trabalho está associado ao período de vida após a escolaridade formal (embora alguns estudantes trabalhem durante os estudos) e antes da reforma, ou da desvinculação do trabalho. O emprego é um posto de trabalho específico ocupado durante um período de tempo definido, e a carreira é por vezes utilizada como sinónimo no discurso popular. Os psicólogos profissionais utilizam frequentemente o termo carreira para se referirem a uma sequência ou conjunto de empregos que uma pessoa teve ao longo da sua vida profissional. Neste sentido, as pessoas podem ter diferentes tipos de emprego ao longo de uma única carreira. No entanto, também é comum utilizar a carreira num sentido mais limitado para referir o envolvimento de uma pessoa numa determinada família de empregos (por exemplo, engenharia), que pode incluir vários empregos (por exemplo, ser engenheiro na empresa A durante 10 anos e na empresa B durante outros 10 anos). É neste sentido que se pode falar de uma mudança de carreira, uma passagem de um ramo profissional para outro (por exemplo, de engenheiro para professor).

5.1 Quadros teóricos do desenvolvimento de carreira e do aconselhamento de carreira

O desenvolvimento da carreira pode ser visto como um processo que abrange grande parte da vida - um processo que começa na infância (e inclui as experiências formais e informais que dão origem a talentos, interesses, valores e conhecimentos sobre o mundo do trabalho), continua na idade adulta através da progressão do comportamento de carreira (por exemplo, entrada e adaptação ao trabalho ao longo do tempo) e culmina com a transição para a reforma e a adaptação à mesma. É um conceito concebido para captar a natureza dinâmica e evolutiva da carreira ou do comportamento profissional e é por vezes utilizado como incorporando a escolha de carreira e, noutras ocasiões, como distinto desta. A escolha da carreira pode ser vista como o processo de seleção e entrada numa carreira específica, enquanto a evolução da carreira se refere à experiência de cada um antes, durante e (especialmente) depois da escolha da carreira. O período anterior à escolha inicial da carreira pode coincidir com a vida académica. A evolução da carreira é por vezes utilizada como sinónimo de progressão ou gestão da carreira. A progressão na carreira, pelo contrário, refere-se a um fluxo contínuo de acontecimentos relevantes para a carreira, que não são necessariamente lineares nem têm um impacto positivo e que podem ou não estar sujeitos a uma ação pessoal (por exemplo, nascer na pobreza, perder um emprego devido à falência da empresa).

A progressão na carreira implica um processo linear ou um processo em que o indivíduo melhora progressivamente a sua posição na carreira ao longo do tempo, como na metáfora de subir uma escada profissional. A gestão de carreira é uma situação em que o indivíduo está ativamente empenhado em dirigir o curso do seu próprio desenvolvimento de carreira; isto é, implica uma visão da pessoa como agente ativo, antecipando e ajustando-se a novas oportunidades e comportando-se proactivamente para lidar com situações negativas. Embora o desenvolvimento implique normalmente um movimento para a frente, também tem o potencial de devolução ou regressão, bem como de progresso.

O termo Aconselhamento de Carreira refere-se a serviços oferecidos para melhorar ou prevenir problemas de comportamento no trabalho, independentemente do prestígio ou do nível de educação associado a uma determinada opção de trabalho. O Aconselhamento de Carreira refere-se também a outros serviços que podem aumentar ou sobrepor-se a ele, e à relação entre o aconselhamento de carreira e o aconselhamento pessoal. O Aconselhamento de Carreira ocorre normalmente entre um cliente individual e um conselheiro, embora muitos conselheiros de carreira também recorram ao aconselhamento em grupo ou a workshops, particularmente em contextos educativos em que vários clientes estão a lidar com desafios de desenvolvimento comuns (por exemplo, escolhas académicas ou relacionadas com a carreira).

5.2 Desenvolvimento e aconselhamento de carreira na República de Chipre

Chipre é uma bela ilha no Mar Mediterrâneo, no cruzamento da Europa, Ásia e África. Chipre é a terceira maior ilha do Mediterrâneo, com uma população de aproximadamente 800.000 habitantes. *"Ao longo dos séculos, Chipre tem sido um ponto de encontro de civilizações e culturas. A ilha tem uma paisagem montanhosa soberba, florestas, costas e praias fascinantes e um rico património histórico e arqueológico que testemunha a sua longa e diversificada história. O maravilhoso clima da ilha oferece inúmeras oportunidades aos amantes da natureza. Em maio de 2004, Chipre aderiu à União Europeia e tornou-se o seu posto avançado mais oriental e mais meridional"* (www.aspectsofcyprus.com). *"A economia do país emergiu como um dos principais centros comerciais e financeiros da região. Vários sectores da economia, como o turismo, a banca, os seguros e as telecomunicações, proporcionam à economia uma vantagem competitiva".* Em janeiro de 2008, Chipre aderiu à União Económica e Monetária (UEM) e ao euro (€). As línguas oficiais da Constituição de Chipre são o grego e o turco, mas o inglês é amplamente falado. (www.cyprustourism.org).

Os Serviços de Orientação Profissional e Educativa (CCES) do Ministério da Educação, Cultura, Desporto e Juventude (M.E.C.S.Y.) funcionam sob a administração do Ensino Secundário Geral do Ministério da Educação, Cultura, Desporto e Juventude. Existem gabinetes de aconselhamento e orientação profissional em todas as escolas públicas do ensino secundário geral e do ensino secundário técnico e profissional, bem como gabinetes centrais de orientação profissional no M.E.C.S.Y. A prática do CCES centra-se no desenvolvimento pessoal, interpessoal, educativo e profissional dos estudantes do ensino secundário e de outros jovens. Através do processo de aconselhamento e da orientação profissional, os conselheiros escolares ajudam os estudantes do ensino secundário e outros jovens a a) adaptarem-se ao ambiente escolar, estabelecerem objectivos e crescerem pessoal e academicamente, b) desenvolverem uma autoestima positiva e adquirirem competências para lidar eficazmente com questões pessoais, familiares e/ou interpessoais, c) crescerem e aceitarem a si próprios e aos outros, d) aprenderem e adquirirem competências e técnicas de tomada de decisões, a fim de tomarem decisões bem informadas relativamente às escolhas educativas, profissionais e pessoais, e) identificarem as suas capacidades, interesses e competências individuais - alcançarem o autoconhecimento, f) explorarem diferentes tipos de carreiras e adquirirem conhecimentos valiosos sobre os desenvolvimentos socioeconómicos e culturais modernos (www.moec.gov.cy/ysea/en/).

CAPÍTULO SEIS:
RESUMO E CONCLUSÕES

6.0 Introdução

A globalização e a concorrência exigente entre as instituições de ensino superior requerem uma comunicação interna muito boa e um desenvolvimento organizacional contínuo para criar mudanças. No sector do ensino superior, a necessidade de uma boa comunicação é muito importante porque as faculdades e universidades devem funcionar eficazmente para satisfazer as necessidades das partes interessadas. As instituições fazem parte de uma grande comunidade global que está a tentar melhorar o futuro dos funcionários e dos estudantes. Todos os tipos de organizações, neste caso as instituições de ensino superior, devem estar próximas da sociedade e, muitas vezes, compreender as suas necessidades e desejos. Quando as organizações (faculdades e universidades) se aproximam das sociedades, recebem as suas mensagens e tentam conceber as novas acções contemporâneas. Cabe a um líder compreender como cada pessoa responde a vários pedidos com base na sua natureza e apelar ao seu desejo de recompensa durante a conceção de uma cultura organizacional digital global. A criatividade e a motivação podem satisfazer o desempenho e criar organizações produtivas. Além disso, a criação de um ambiente de trabalho em equipa é muito importante, uma vez que não é possível obter bons resultados sem uma excelente colaboração entre os membros da equipa para atingir os objectivos. A implementação de estratégias de comunicação oral e escrita requer a atenção dos líderes para compreender as necessidades e colmatar as lacunas.

Um líder deve desenvolver as culturas das pessoas de forma a que todas as mensagens possam ser bem comunicadas. A motivação pode ser conseguida através de uma boa comunicação entre os trabalhadores dentro das organizações, mesmo que seja entre culturas, entre organizações ou num ambiente em linha entre homens e mulheres. A eficácia das mensagens de comunicação estratégica na promoção das práticas profissionais digitais nas organizações é uma situação complexa que exige uma avaliação pessoal e conhecimentos relacionados com temas como "motivação", "cultura", "ética", "diversidade" e igualdade de oportunidades". É verdade que a comunicação numa organização desempenha um papel muito importante, porque os resultados finais podem afetar a cultura organizacional global... uma vez que 90% do tempo total de trabalho se baseia na comunicação (Huczynski 2007). Através de uma comunicação eficiente, os líderes podem transferir informações com base na melhoria e no desenvolvimento da sua equipa para a compreensão, o empenho e a confiança entre os trabalhadores, pelo que, sem uma boa comunicação, um líder não pode ser eficaz (Gary, 2002). O stress organizacional e a ética organizacional são preocupações de todos os líderes empresariais que pretendem alcançar e manter o sucesso empresarial. Para um melhor controlo, o líder deve ter competências que lhe permitam, através da comunicação, controlar ambos para o bem de toda a cultura organizacional. Todas as decisões éticas tomadas por um dirigente no dia a dia exigem uma boa comunicação, a fim de evitar quaisquer circunstâncias negativas para a organização. Novas investigações que examinaram entrevistas e questionários como método de investigação concluíram que a conceção de um organograma para uma instituição de ensino superior pode controlar o sistema operacional e comunicar com êxito - tanto horizontal como verticalmente - as mensagens correctas para o sucesso de uma organização. Não há dúvida de que as acções de liderança precisam sempre de ser melhoradas para se tornarem mais eficazes para os indivíduos, as equipas e produtivas para que uma organização crie valor.

6.1 Áreas para investigação futura

Epstein e Buhovac (2014) argumentam que *"a implementação correcta de um plano para direcções futuras terá um impacto importante no sucesso de uma organização. Os elementos de um plano sustentável devem incluir os objectivos, as questões-chave e a motivação da equipa, bem como os sistemas adaptativos complexos". "A sustentabilidade de uma organização requer boas operações internas, boas relações com as partes interessadas e alta qualidade da tecnologia"* ... *"Os líderes, e os trabalhadores em geral, devem ser capazes de ver como o seu envolvimento pode criar valor, e as suas recompensas por uma participação ativa no plano estratégico global da organização para manter o controlo, desenvolver um ambiente saudável e sustentável, e negócios viáveis no presente e criar inovação para o futuro"* (Stacey, 2011). "*Os sistemas adaptativos complexos, como este, são frequentemente definidos como um conjunto macroscópico complexo de agentes relativamente semelhantes e parcialmente ligados para alterar o ambiente, e são também redes dinâmicas complexas de interacções"* (Carlisle et al, 2006). Para compreender o significado de um sistema adaptativo complexo, Carlisle (2006) utiliza um exemplo da natureza: Apresentou o exemplo de um bando de pássaros que pode estar num sistema adaptativo complexo porque os pássaros estão a seguir 'a onda'. Apenas se seguem uns aos outros para atingir os seus objectivos e encontrar comida. Mas, no caso dos estudantes, só poderão regressar aos estudos quando a vida voltar lentamente ao normal após o regresso do choque.

Grande parte do campo moderno do mercado da educação surge a partir do conceito de ciclo de vida da indústria, no qual as organizações progridem através de várias fases: *emergência* (com a introdução do primeiro produto ou serviço relevante), *crescimento* (durante o qual a indústria experimenta uma onda de entrada e um aumento acentuado da procura), *maturidade* (caracterizada por uma procura mais estável e uma onda de saída líquida) e *declínio* (caracterizada por uma procura estagnada ou em declínio e um conjunto estável de empresas)" (Greiner,1972).

6.2 Conclusão

Este livro apresenta resultados importantes obtidos no sector do emprego local, a fim de desenvolver orientações estratégicas para os serviços de carreiras. Os resultados apresentados vêm colmatar as lacunas teóricas das implementações práticas. As organizações, tal como os seres humanos, pedem criatividade, precisam de motivação, procuram novos conhecimentos e desenvolvimento e, claro, querem respeito. À medida que o tempo passa, novas soluções inovadoras vêm juntar-se a investigações anteriores para criar uma vantagem competitiva global que satisfaça necessidades e desejos. Os resultados desta investigação demonstram claramente que os serviços de carreiras e o mercado de trabalho de Chipre estão a ser continuamente melhorados com tecnologias digitais, métodos e novas estratégias modernas. A utilização de ferramentas digitalizadas nos serviços de carreiras oferece soluções poderosas para criar resultados de sucesso. Esta apresentação explicou as teorias actuais e as questões relacionadas com o tópico investigado, e explicou de forma crítica os diferentes pontos de vista. Também avaliou o papel do desenvolvimento e do aconselhamento de carreira numa situação quotidiana e analisou a facilitação para estudantes e adultos no que diz respeito à raça, ao género, à religião ou à deficiência. As novas ideias e estratégias criativas têm de ser actualizadas muito rapidamente, uma vez que a tecnologia progride muito rapidamente, o que gera uma necessidade de vantagem competitiva para as organizações de todo o mundo que procuram soluções e estratégias inovadoras para criar o melhor ambiente digital para a sua organização. Os modelos e técnicas de coaching de liderança e de desenvolvimento de carreira, tal como se aplicam ao desenvolvimento ao longo da vida, ao género, à idade e à origem étnica, são ferramentas importantes e poderosas para o sucesso de qualquer instituto de ensino superior. Este livro apresenta as teorias actuais e explica de forma crítica a comunicação de diferentes pontos de vista. Também avalia e analisa o papel de uma organização digital numa situação quotidiana, bem como a relação dos trabalhadores com base em culturas organizacionais para criar mudanças em ambientes empresariais globais em rápida mutação.

REFERÊNCIAS

Adams, W.M. (2006), *The Future of Sustainability: Re-thinking Environment and Development in the Twenty-first Century.* Disponível na base de dados Business Source Premier.

Amabile, T.M., Schatzel, E.A, Moneta, G.B., & Kramer, S.J. (2004). *Leader behaviours and the work environment for creativity: Perceived leader support.* Leadership Quarterly, 15(1), 5-32.

Armstrong, M. (2008), *Strategic human resource management: Um guia para a ação*, Londres: Kogan Page

Astin, A. W. e Astin, H. S. (2000), *Leadership reconsidered: Engaging higher education in social change*, Battle Creek, MI: W. K. Kellogg Foundation.

Astin, A. W. e Astin, H. S. 2000. *Leadership reconsidered: Engaging higher education in social change.* Battle Creek, MI: Fundação W. K. Kellogg.

Aula, P., & Siira, K. (2010). *Comunicação organizacional e sistemas de gestão de conflitos: Uma abordagem de complexidade social.* NORDICOM Review, 31(1), p.125-141.

Baer, M. (2012). *Colocando a criatividade para trabalhar: A implementação de ideias criativas nas organizações.* Academy of Management Journal. 55(8), 1102-1119.

Barrett, D. J. (2011). *Leadership communication* (3ª ed.). Nova Iorque, NY: McGraw Hill.

Barnett, R. C., & Hyde, J. S. (2001). *Women, men, work, and family: An expansionist theory.* American Psychologist, 56, 781-796.

Barrett, D.J. (2006). *As fortes competências de comunicação são uma necessidade para os líderes actuais.*

Handbook of Business Strategy 7(1), pp. 385 - 390

Baron, R. M., & Kenny, D. A. (1986). *The moderator-mediator variable distinction in social psychological research: Conceptual, strategic, and statistical considerations*. Journal of Personality & Social Psychology, 51(6), 1173-1182.

Bartol, K.M. & Zhang, X. (2010). *Ligação entre a liderança capacitadora e a criatividade dos colaboradores: The influence of psychological empowerment, intrinsic motivation, and creative process engagement.* Academy of Management Journal, 53(1), 107-128.

Bass, B. M. (2008). *The Bass handbook of leadership: Theory, research, & managerial applications* (4ª ed.). Nova Iorque, NY: Free Press.

Bender, K. A., Donahue, S. M., & Heywood, J. S. (2005). *Job satisfaction and gender segregation.* Oxford Economic Papers, 57, 479-496.

Bing, J.W. (2004), *As consequências de Hofstede: O impacto do seu trabalho na consultoria e nas práticas empresariais.* Academy of Management Executive, 18(1), 80-87.

Blustein, D. L. (2006). *A psicologia do trabalho: A new perspective for career development, counseling, and public policy [Uma nova perspetiva para o desenvolvimento de carreiras, aconselhamento e políticas públicas]*. Mahwah, NJ: Erlbaum.

Blyler, N. R. (2019). *A investigação como ideologia na comunicação profissional.* Technical Communication Quarterly. 4 (3): 285-313.

Bovee, C.L e Thill, J.V (2016), *Business communication essentials*, eBook, Global Edition, Pearson

Brown, S. e Lent, R. (2013). *Desenvolvimento e aconselhamento de carreira: Putting research and theory to work.* Canada: John Wiley & Sons.

Burmeister, M. (2008). *Dos boomers aos bloggers: Estratégias de sucesso entre gerações.* Fairfax, VA: Synergy Press.

Burnes, B. 2004. *Managing Change.* 4ª Ed. Londres: Pearson

Cekada, T. L. (2012). *Formação de uma força de trabalho multigeracional: Profissional Segurança*, 57(3), p.40.

Clampitt, P. (2009), *Communicating for managerial effectiveness*. Thousand Oaks, CA: Sage Publications, Inc.

Cox, J., & Holloway, M. (2011). *Workshop sobre transferência de conhecimentos num ambiente empresarial multigeracional.* Revista de Gestão da Inovação e Criatividade, 4(10), 23-33.

Cogin, J. (2012). *As diferenças geracionais nos valores do trabalho são um facto ou uma ficção? Multi-country evidence and implications*. Jornal Internacional de Gestão de Recursos Humanos, 23 (11), 2268-2294. doi:10.1080/09585192.2011.610967

Cornelissen, J. (2004). *Corporate Communication: a guide to theory and practice,* Thousand Oaks, CA: Sge Publications, Inc.

Cogin, J. (2012). *As diferenças geracionais nos valores do trabalho são um facto ou uma ficção? Multi-country evidence and implications.* The International Journal of Human Resource Management, 23 (11), 2268-2294. doi:10.1080/09585192.2011.610967

Crites, J. O. (1981). *Aconselhamento de carreira: Models, Methods, and Materials.* Nova Iorque, NY: McGraw-Hill.

Darics, E. (2017), *E-Leadership ou Como ser chefe em mensagens instantâneas? O papel da comunicação não-verbal*. OnlineFirst [Online] https://doi.org/10.1177/2329488416685068 [Acedido em: 27 de janeiro de 2023]

David, F.R. e David, F.R. (2017) *Gestão Estratégica: Uma Abordagem de Vantagem Competitiva, Conceitos e Casos*. 16th Ed.Londres:Pearson

Dawkins, J. (2014), *Corporate responsibility: The communication challenge,* Journal of Communication Management, p.108

DeVito, J.A., *The Interpersonal communication book*, Pearson Education Inc., 2007.

Dominick, J.R. (1999), *The Dynamics of Mass Communication*, Boston: McGraw Hill

Duhe, S. (2008), *Public Relations and the Path to Innovation: Are Complex Environments Goodfor Business?* Sociedade de Relações Públicas da América.

David, F.R. e David, F.R. (2017). *Gestão Estratégica: Uma Abordagem de Vantagem Competitiva, Conceitos e Casos.* 16th Ed.London:Pearson

Dominick, J.R (1999). *The Dynamics of Mass Communication*, Boston: McGraw Hill

Downs, C. W., & Adrian, A. D. (2004). *Communication audits as Organizational Development.* New York: The Guilford Press.

Dutton, J.E. & Ashford, S.J. (1993). *Selling issue to top management.* Academy of Management Review, 18(1), 397-428.

Epstein, M. J., & Buhovac A. R. (2014), *Making sustainability work: Best practices in managing and measuring corporate social, environmental, and economic impacts.* 2ª ed. São Francisco: Berrett-Koehler.

Flores, J., Rouse, R., & Schuttler, R. (2011). *Vermelho, amarelo ou verde: Que tipo de líder é você?* Nonprofit World, 29(2), 16-17.

Furnham, A., Eracleous, A., & Chamorro-Premuzic, T. (2009). *Personalidade, motivação e satisfação no trabalho: Hertzberg meets the big five.* Journal of Managerial Psychology, 24, 765-779. doi:10.1108/02683940910996789

Fitz P. L. e Valskov V. (2014), *Internal Communication; A manual for practitioners*, Kogan Page

French, W.L., e Bell, C.H. Jr. (1999), *Organizational development: Behaviour science interventions for organization improvement*, New Jersey: Prentice-Hall

Gary, L. (2002), *Becoming a Resonant Leader*, Harvard Management Update 7(7), 4-6.

Gysbers, N. C., Heppner, M. J., & Johnston, J. A. (2009). *Aconselhamento de carreira: Contextos, processos e técnicas.* Alexandria, VA: American Counseling Association.

Gottfredson, L. S. (2005). *Aplicação da teoria da circunscrição e do compromisso de Gottfredson na orientação e aconselhamento de carreira*. Em S. D. Brown & R. W. Lent (Eds.), Career development and counseling: Putting theory and research to work,71-100.

Gibson, S. J. (2009). *The zoom guide to generations*. Charleston, SC: BookSurge Publishing.

Greiner, L. E. (1972) *Evolution and revolution as organizations grow*. Harvard Business Review Journal [Online] 50, pp. 37-46.

Grunig, J. E., & Hunt, T. (1984), *Managing public relations*. Nova Iorque: Harcourt Brace Jovanovich College Publishers.

Hassan, S., & Rohrbaugh, J. (2009). *Incongruência em avaliações de feedback de 360 graus*
e valores de gestão concorrentes: Evidências de um contexto de agência pública.
International Public Management Journal, 12(4), 421-449. doi:10.1080/10967490903103375

Hayenga, A., O., & Corpus, J., H. (2010). *Perfis de motivações intrínsecas e extrínsecas: A multigenerational perspective on employee communications*, Journal of Management Studies, 57(1), 32-34.

Hamilton, S. (1987). *A Communication Audit Handbook: Helping Organizations Communicate.* Londres: Pitman Publishing.

Hartley, P. e Bruckmann, C.G. 2002. *Comunicação Empresarial*. 1ª Ed.
Londres: Routledge

Harrison, R. (2008), *Learning and Development*, Londres: CIPD

Hargie, O., & Tourish, D. (2009). *Auditing Organizational Communication: A Handbook of Research, Theory and Practice.* New York: Routledge.

Hartley, P. e Bruckmann, C.G. (2002), *Business Communication.* 1 Ed.
Londres: Routledge

Hargreaves, A., Moore, S., Fink, D., Brayman, C., e White, R. (2003), *Succeeding leaders? A study of principal rotation and succession.* Toronto, Ontário, Canadá: Ontario Principals' Council.

Hargie, O e Tourish D (2004), *The handbook of Communications audits for Organisations*, Routledge

Hartley, P. e Bruckmann, C.G. (2002) *Business Communication.* 1st Ed. Londres: Routledge

Heppner, M. J., & Heppner, P. P. (2001). *As implicações da socialização masculina para o aconselhamento de carreira.* Em G. Brooks & G. Good (Eds.), A new handbook of counseling and psychotherapy approaches for men. São Francisco, CA: Jossey-Bass.

Herrero, L. (2006) *Viral change.* Beaconsfield, Reino Unido: Meetingminds/The Chalfont Project.

Huczynski, A. & Buchanan, D. (2007), *Organizational Behaviour*, Essex: Pearson Education

Jandaghi, G., Matin, H., Z., & Farjami, A. (2009). *Comparação da liderança transformacional em empresas com e sem sucesso.* Jornal Africano de Gestão Empresarial, 3, 272 -280. Obtido em http://www.academicjournals.org/ajbm/

Kahai, S. S., Huang, R., & Jestice, R. J. (2012). *Efeito de interação da liderança e dos meios de comunicação na positividade do feedback em equipas virtuais.* Group & Organization Management, 37, 716-751. doi:10.1177/1059601112462061 Kapoor, C. & Solomon, N. (2011). *Compreender e gerir as diferenças geracionais no local de trabalho.* Worldwide Hospitality and Tourism Themes, 3(4), 308 - 318. doi:10.1108/17554211111162435

Kahn, R.L. e Ch. F. Cannell. (1957), *The Dynamics of. Interviewing: Theory, Technique and Cases.* New York: John Wiley and Sons

Kondalkar, V.G. (2007) *Organizational Behaviour.* New Delhi: New Age

Kupers, W., Mantere, S., & Statler, M. (2012). *Strategy as storytelling: Uma colaboração fenomenológica.* Journal of management inquiry, 22(1), 83100. doi:10.1177/1056492612439089

Kondalkar, V.G. (2007). *Comportamento Organizacional.* Nova Deli: Nova Era

Kahai, S. S., Huang, R., & Jestice, R. J. (2012). *Efeito de interação da liderança e dos meios de comunicação na positividade do feedback em equipas virtuais.* Group & Organization Management, 37, 716-751. doi:10.1177/1059601112462061 Kogan M. (2007). *Gestão de recursos humanos: Bridging the gap.* Retirado de http://www.govexec.com/features/0901/0901sl.htm

Kramer, R.M. & Elsbach, K.D (2003). *Assessing creativity in Hollywood pitch meetings: Evidence for a dual-process model of creativity judgments.* Academy of Management journal. 46(3), 283-301.

Larkin, TJ e Larkin S. (1994). *Communicating change: winning employee support for new business goals,* Nova Iorque, NY: McGraw-Hill, Inc.

Lamberg, J., Tikkanen, H., Nokelainen, T., e Suur-Inkeroinen, H. (2008) *Competitive dynamics, strategic consistency, and organizational survival.* Strategic Management Journal, 30(1) 45-60. doi:10.1002/smj.726 [Acedido em: 21 de janeiro de 2023]

Lancaster, L. C., & Stillman, D. (2002). *From a gold clock to founder's stock:Rewarding the generations.* Potentials, 35(5), 26.

Levitt, T. (1963). *Creativity in not enough.* Harvard Business Review, 41(3), 7283.

Lent, R. W., Lopez, A. M., Lopez, F. G., & Sheu, H. B. (2008). *Social cognitive theory and the prediction of interest and choice goals in the computing disciplines.* Journal of Vocational Behavior, 73, 52-62.

Lockett, J. (1992). *Effective performance management: a strategic guide to getting the best from people,* Londres: Kogan

Lockett, J. (1992), *Effective performance management: a strategic guide to getting the bestfrom people*, Londres: Kogan

Linjuan, R.M. (2014), *Comunicação Interna Estratégica: Liderança Transformacional, Canais de Comunicação e Satisfação dos Funcionários.* 28(2).

[Em linha] https://doi.org/10.1177/0893318914524536 [Acedido em: 27 de janeiro de 2023]

Lyons, S. & Kuron, L. (2013). *Generational differences in the workplace: A review of the evidence and directions for future research.* Journal of Organizational Behavior, 35, S139-S157. doi:10.1002/job.1913

Maslow, A. (1954). *Motivation and Personality*, terceira edição, Harper and Row Publishers

Macleod D, Clarke N (2009), *Engaging for Success: enhancing performance through employee engagement*, Department for Business Innovation and Skills,www.bis.gov.uk, http://www.berr.gov.uk/files/file52215.pdf

McNamara, C. (2008). *Field Guide to Leadership and Supervision [Guia de Campo para Liderança e Supervisão].* Minneapolis, MN: Authenticity Consulting, LLC.

McWhirter, E. W. (1994). *Counseling for empowerment [Aconselhamento para capacitação].* Alexandria, VA: Associação Americana de Aconselhamento.

Morris, T. e Wood, S. (1991), *Testing the survey method: continuing and change in British industrial relations, work employment and society.* 5 (2).

Myers, D. (1999). *Psicologia Social*, 6ª edição, McGraw-Hill

Northouse, P. G. (2013). *Leadership: Theory and practice.* Thousand Oaks: SAGE Publications.

North, K., Maier, R., e Haas, O. (2018), *Gestão do conhecimento na mudança digital: New Findings and Practical Cases.* [Em linha] https://doi.org/10.1007/978-3-319-73546-7 [Acedido em: 25 de janeiro de 2023]

Orcher, L. T. (2014). *Realização de pesquisas: Métodos sociais e comportamentais* (2nd ed.). Glendale, CA: Pyrczak Publishing.

Pope, M., & Minor, C. W. (Eds.). (2000). *Actividades experimentais para dar aulas de aconselhamento de carreira e para facilitar grupos de carreira.* Columbus, OH: Associação Nacional de Desenvolvimento de Carreira.

Parboteeah, K, P., Addae, K. P., e Cullen, J. B. (2012). *Propensão para apoiar iniciativas de sustentabilidade: A cross-national model.* Journal of Business Ethics [Online] 105, pp. 403-413. doi:10.1007/s10551-011-0979-6 [Acedido em: 15 de janeiro de 2023]

Quirke, B. (2008). *Making the Connections; using Internal Communications to turn strategy into action,* Burlington, VT: Gower Publishing Company

Quirke, Bill (1996). *Communicating corporate change: Um guia prático de comunicação e estratégia empresarial.* McGraw-Hill.

Robson, C. (2002), *Real World Research: A resource for social-scientists and practitioner-researchers.* Oxford: Blackwell

Rost, J. C. (1993). *Leadership for the twenty-first century (Liderança para o século XXI).* New York, NY: Praeger.

Sarris, N. (2007), *Human Resource Management.* Atenas: Ellin.

Saunders, M., Thornhill, A., e Lewis, P. (2009), *Research Methods for business students*, Essex: Pearson Education

Savvides, S.K. (2011). *Estratégias económicas e financeiras das empresas.* Nicosia.

Scoble R, Israel S. (2006) *Naked Conversations: how blogs are changing the way businesses talk to customers*, Hoboken NJ, John Wiley & Sons

Senge, P., Smith, B., Kruschwitz, N., Laur, J. e Schley, S. (2010), *The necessary revolution: Trabalhar em conjunto para criar um mundo sustentável.* Nova Iorque, NY: Broadway Books.

Sloane, P. J.,&Williams, H. (2000). *Job satisfaction, comparison earnings and gender. Labour*, 14, 473-502.

Stacey, K., & Vincent, J. (2011). *Avaliação de uma entrevista eletrónica através de meios electrónicos com materiais de estímulo multimédia para obter respostas em profundidade de profissionais.* Investigação Qualitativa, 11, 605-624. doi:10.1177/1468794111413237

Stohl, C. (1995), *Organizational Communication: connectedness in action*, Thousand Oaks, CA: Sage Publications Inc

Spears, L.C. (2002), *Tracing the past, present, and future of servant-leadership.*

Spears L.C. & M. Lawrence (2002), *Focus on leadership: Servant-leadership for the 21st century* (pp.1-16). Nova Iorque: John Wiley & Sons.

Stacey, R.D. (2011), *Gestão estratégica e dinâmica organizacional: O Desafio da Complexidade.* 6ª ed. Essex, Inglaterra: Pearson Education Limited . Sloane, P. J.,&Williams, H. (2000). *Job satisfaction, comparison earnings and gender.* Labour, 14, 473-502.

Saunders, M., Thornhill, A., & Lewis, P. (2009). *Métodos de investigação para estudantes de gestão*, Essex: Pearson Education

Schuttler, R. (2010). *Leis da comunicação: The intersection where leadership meets employee performance.* Hoboken, NJ: John Wiley & Sons.

Shalley, C.E & Gilson, L.L (2004). *O que os líderes precisam de saber: A review of social and contextual factors that can foster or hinder creativity.* Leadership Quarterly, 15(1), 33-53.

Shalley, C.E., Zhou, J. & Oldman, G.R. (2004). *Os efeitos das características pessoais e contextuais na criatividade: Where should we go from here?* Journal of Management, 30(1), 933-958.

Spreitzer, G.M. (1995). *Individual empowerment in the workplace: Dimensions, measurement, validation.* Academy of Management Journal, 38 (1), 1442-1465.

Stangler, D. (2009). *The coming entrepreneurship boom.* Retrieved from http://www.kauffman.org/uploadedF iles/the-coming-entrepreneurial-boom.pdf Theaker, A (2011), *The Public Relations handbook*, Routledge,

Abingdon Torrington, D., Hall, L., and Taylor, S. (2008), *Human Resource Management*. Essex: Pearson Education

Van de Ven, A.H. (1986). *Central problems in the management of innovation.* Management Science, 32(1), 590-607.

Vukotich, G. (2010). *O processo 360°*. OD Practitioner, 42(3), 24-29.

Weick, K.E. (1995), *Sense making in Organisations*, Thousands Oaks, CA: Sage Publications, Inc.

Weldy, T. G. (2009). *Organização e transferência de aprendizagem: Estratégias para melhorar o desempenho.* The Learning Organization, 16(1), 58-68. doi:10.1108/09696470910927678

Wheelen, T.L. e Hunger, J.D. (2012) *Gestão Estratégica e Política Empresarial: Rumo à Sustentabilidade Global.*13th Ed. NJ: Pearson

White, M. J., & White, G. B. (2006). *Implicit and explicit occupational gender stereotypes. Sex Roles, 55,* 259-266.

Wielkiewicz, R. M. & Stelzner, S. P. (2005). *An ecological perspective on leadership theory, research, and practice*, Review of General Psychology, 9(4), 326-341

Wright, M (2009) *The Gower handbook of internal communication*, Gower
Weldy, T. G. (2009). *Organização e transferência de aprendizagem: Estratégias para melhorar o desempenho.* The Learning Organization, 16(1), 58-68. doi:10.1108/09696470910927678
West, R., & Turner, L. H. (2010). *Introducing communication theory* (4ª ed.). Nova Iorque, NY: McGraw-Hill Higher Education.

Wielkiewicz, R. M. e Stelzner, S. P. (2005). *Uma perspetiva ecológica da teoria, investigação e prática da liderança.* Revista de Psicologia Geral, 9(4), pp.326-341.

Wheelen, T.L. e Hunger, J.D. (2012). *Gestão Estratégica e Política Empresarial: Towards Global Sustainability.*13th Ed. NJ: Pearson

Yin, R. K. (2014). *Pesquisa de estudo de caso: Design and methods* (5ª ed.). Londres: SAGE Publications.

Young, R. A., Marshall, S. K., & Valach, L. (2007). *Tornar as teorias de carreira culturalmente mais sensíveis: Implications for counseling.* Career Development Quarterly, 56, 4-18.

Yukl, G. (2013) *Liderança nas Organizações.* 8th Ed. NJ: Pearson

Zand, D. (2009). *Strategic renewal: How an organization realigned structure with strategy (Renovação estratégica: como uma organização realinhou a estrutura com a estratégia).* Strategy & Leadership, 37(3), 23-28. doi:10.1108/10878570910954619

Zeugarides, S., e Stamatiades, G. (1997). *Administração e controlo do pessoal,* Atenas: Hellen Editions

Zhang, X., Cao, Q., & Tjosvold, D. (2011). *Ligação entre liderança transformacional e desempenho da equipa: A conflict management approach.* Journal of Management Studies, 48, 1586-1611. doi:10.1111/j.1467-6486.2010.00974.x

Yuan, F. & Woodman, R.W. (2010). *Comportamento inovador no local de trabalho: The role of performance and image outcome expectations.* Academy of Management Journal, 53(1), 323-342.

Yukl, G. (2013). *Liderança nas Organizações.* 8th Ed. NJ: Pearson

Zeugarides, S., & Stamatiades, G. (1997). *Administração e controlo do pessoal,* Atenas: Hellen Editions

Zhang, X., Cao, Q., & Tjosvold, D. (2011). *Ligação entre liderança transformacional e desempenho da equipa: A conflict management approach.* Journal of Management Studies, 48, 1586-1611. doi:10.1111/j.1467-6486.2010.00974.x

MIX
Papier aus verantwortungsvollen Quellen
Paper from responsible sources
FSC® C105338

Printed by Books on Demand GmbH, Norderstedt / Germany